TOUSARD,

LIEUTENANT-COLONEL

DU RÉGIMENT DU CAP,

A

LA CONVENTION NATIONALE.

Votre écrit n'a point fait, d'un brave militaire,
Un traître, un assassin, un lâche incendiaire.
Assurer à chacun ses légitimes droits,
Et mourir, s'il le faut, pour fonder sur les Loix
La Liberté, la Paix, la Fortune publique,
Tels sont mes vœux; voilà toute ma politique.

LORSQUE, sous un autre hémisphere, je versois mon sang pour la liberté; que j'enlevois aux Anglois une piéce de canon, & que je perdis *le bras droit* à cette action mémorable (1) : j'étois loin d'imaginer alors que le bras qui me reste seroit aujourd'hui forcé de tracer ma défense; que je serois accusé de manœuvres & de complots contre la liberté du pays qui m'a vu naître, & que j'aurois

____

(1) Voyez la piéce I.re

A

pour accuſateurs & pour juges, les délégués & ſubdélégués du peuple François, pour l'établiſſement de ſa liberté.

Le caractère auguſte dont mes accuſateurs ſont revêtus ne m'en impoſera pas (1): ils ont fait uſage de leurs immenſes pouvoirs pour déſorganiſer un Régiment diſtingué par ſa ſoumiſſion aux loix & à des chefs, qui n'ont jamais ceſſé d'en donner l'exemple. Pour nous écraſer, ils ont abuſé du nom ſacré des loix ; ils ont adopté & ſervi les paſſions & les vengeances d'une faction, ſous le joug de laquelle ils ſont maintenant aſſervis. La Convention nationale ne verra plus en eux que des hommes, & elle trouvera en moi un citoyen injuſtement opprimé par eux.

L'écrit des Commiſſaires nationaux civils, délégués par le Pouvoir exécutif aux Iſles ſous le vent, contenant les motifs des ſuſpenſions & déportations en France, qu'ils ont prononcées contre les Officiers civils & militaires employés à Saint-Domingue, & particulièrement contre moi, & les queſtions qui m'ont été faites d'après cet écrit, par le Comité colonial de la Convention, m'ont enfin fait connoître la cauſe ou

---

(1) Les Citoyens Polverel , Sonthonax & Ailhaud, délégués par le Pouvoir Exécutif, le 17 Juin 1792 , aux îles ſous le vent de l'Amérique.

plutôt les prétextes des traitemens que j'éprouve depuis trois mois, & de ma détention actuelle dans les prisons de l'Abbaye.

Il me sera facile d'établir que les Militaires des différens grades servans au Régiment du Cap, sont, ainsi que moi, victimes de leur patriotisme, de leur obéissance aux loix & aux ordres de ces mêmes Commissaires, & qu'ils ont succombé sous la haine implacable autant qu'active des intrigans & des factieux, dont la conduite étoit perpétuellement en opposition avec la leur, & sur-tout avec leur attachement tant de fois éprouvé aux principes de la régénération françoise.

Ma conduite personnelle, mes sentimens & mes opinions calomniés directement, me forcent à publier ma défense particulière.

L'écrit des Commissaires, en date du 22 Octobre 1792, dont je viens de parler, porte ce qui suit en ce qui me concerne :

1°. Que M. Tousard partageoit avec M. Cambefort les mêmes *soupçons* de principes contre-révolutionnaires & d'intelligences avec les Esclaves révoltés ;

2°. Qu'il étoit venu nous déclarer que l'ordre par nous donné à M. Cambefort, de se rendre par-devers nous, ne seroit pas exécuté ; que son Régiment ne le souffriroit pas ;

3°. Qu’il a chetché à engager les Gardes nationales du Département de l’Aifne dans la même révolte, à laquelle il croyoit avoir déterminé le Régiment du Cap ;

4°. Qu’il a pour le moins partagé avec les Officiers, Sous-officiers & Soldats ci-après nommés, la réfiftance à notre ordre concernant l’embarquement de M. Cambefort.

Ces quatre accufations fe réduifent à deux.

1°. Soupçons de contre-révolution & d’intelligences avec les Efclaves révoltés.

2°. Résistance à l’ordre donné à Cambefort par les Commiffaires, en engageant le Régiment du Cap & le Bataillon de Gardes nationales du Département de l’Aifne à s’y oppofer.

Quant *aux foupçons* répandus fur ma conduite & jufques *fur mes intentions*, je vais les détruire par le feul narré des faits ; & l’accufation ridicule de *révolte* & de *réfiftance*, en établiffant mon obéiffance paffive aux Loix, & aux ordres des Commiffaires agiffant en leur nom. Le fimple récit de ma conduite contiendra plus de preuves qu’il n’en eft néceffaire.

Abfent *depuis fix mois* de Saint-Domingue, à l’époque de l’arrivée des Commiffaires qui m’accufent, je n’y étois de retour *que depuis douze jours*, quand ils ont pris contre moi leur Arrêté du 22 Octobre.

(5)

Qui peut donc leur avoir donné une connoiffance auffi intime de mes fentimens & de mes opinions politiques, & leur infpirer *des foupçons* qu'ils annoncent comme généralement répandus ?

Sont-ce les DRAGONS de toutes les couleurs de la ville du Cap ?

Ce n'eft pas fans doute à la barrière de Duplaa qu'ils m'ont *foupçonné* d'avoir des intelligences avec les révoltés ? Là je leur ai appris à ne pas craindre des ennemis méprifables ; là je leur ai procuré la douceur de venger la mort de leurs frères maffacrés ; le premier je les ai conduits au milieu de ces brigands, malgré le feu de trois piéces de canons que nous leur avons pris ; & fi quelques-uns de leurs camarades ont été bleffés à mes côtés, le fang qu'ils ont verfé a été complettement expié par la mort de MATHURIN & d'une multitude des fiens. *Ce foupçon* ne vient point d'eux.

LES GRENADIERS PATRIOTIQUES du Cap font la plupart d'anciens militaires ; meilleurs Juges de la valeur, ils ont apprécié celui qui marchoit à leur tête ; ils n'ont jamais eu de pareil *foupçon*. Ils n'ont point oublié nos campagnes de Limonade ; les difficultés de celles du Limbé vaincues, & les remparts fur lefquels je les ai conduits (1) ;

____

(1) Voyez le journal de la Campagne de Limbé.

A 3

non ; je n'en doute pas : je conferve des droits
à leur eftime.

Ce ne font pas les VOLONTAIRES NATIONAUX
du Cap ; compagnons inféparables de nos Chaf-
feurs, dont ils partageoient la gaieté, la bravoure au milieu des dangers ; ils font incapables
d'avoir infinué *des foupçons* auffi odieux fur un
Chef auquel ils avoient accordé leur confiance :
toujours ils m'ont fuivi, & toujours je leur ai
dû des fuccès (1).

BRAVE JEUNESSE du Cap, vous dont je difois,
à mon retour du Limbé, en vous préfentant à la
reconnoiffance des Corps populaires : « J'ai trouvé
» tous les genres de courage dans des jeunes gens
» pleins d'honneur, que leur éducation n'avoit
» pas deftinés ni accoutumés aux travaux & aux
» fatigues militaires. » Il eft impoffible que vous
ayiez énoncé *un pareil foupçon*. Je ne changerai
jamais d'opinion à votre égard (2).

Une accufation auffi atroce n'a point été fug-
gérée par les HOMMES LIBRES, ci-devant de Couleur ; ils ne peuvent avoir oublié que ma voix
s'eft fait entendre le 25 Août 1791, dans l'Affemblée coloniale, & a provoqué en leur faveur
l'Arrêté des deux Affemblées réunies ; que j'ai été

---

(1) Voyez les journaux.
(2) Voyez la piéce 2.

les arracher de l'Eglife des Religieufes, où on les
tenoit renfermés ; que je me fuis occupé de les
armer ; de les mettre à même d'aider au Régiment
à défendre la ville du Cap , & d'en repouffer
les brigands ; qu'aidé par les Corps populaires ,
en quatre jours je les ai mis en campagne , armés
& montés ; que pendant celle du Limbé, leur
confiance en moi produifit l'effet que je m'étois
propofé dans une Proclamation que je leur
adreffai (1) , puifqu'elle en fit rentrer plus de
400 dans leurs véritables devoirs , & les rattacha
à la caufe des Blancs ; que le 8 Novembre 1791
je me fuis oppofé à la fanction de l'Arrêté du 5
du même mois , qui remettoit après la paix à
ftatuer fur leur état politique. Ils fe fouviennent
encore du difcours (2) que je prononçai à ce fujet ,
& dont les bafes ont été juftifiées par les Repréfentans de la Nation, dans un Décret du 28 Mars,
fanctionné le 4 Avril 1792, & qui m'a coûté ma
popularité. Je ne puis croire qu'ils ayent énoncé
des foupçons qui m'ont fait plonger dans des
cachots, lorfque j'ai employé la confiance que
les Corps populaires & les Citoyens m'accordoient, pour en tirer ceux des leurs qui y gémif-
foient (3).

---

(1) Voyez la piéce 8.
(2) Voyez la piéce 9.
(3) Voyez la piéce 10.

Ce foupçon émaneroit-il direétement des Commiffaires ? Ils ne me connoiffoient pas ! Je ne puis donc en accufer que la faétion qui les entoure & qui les opprime. C'eft elle qui a accompli les projets conçus depuis l'Arrêté de l'Affemblée de Saint-Marc, dans lequel on avoit ofé prononcer *le licenciement des troupes.* Ceft elle qui a rempli la ville du Cap d'une multitude d'hommes à fes ordres, tirés de la Saline, du Môle, des Cayes, du Port-au-Prince, & qui fe font couverts du fang de Ferrand-de-Baudieres, Codere, Guitton, Molay, Grelier, Palerme, & d'autres victimes.

Ces effrénés, formant un affemblage inoui d'êtres inconnus aux Citoyens le plus ancienne-ment domiciliés à Saint-Domingue, fe font réunis à ceux qui dans la ville avoient provoqué & exécuté les affaffinats des 25 Août 1791 & 14 Août dernier, journées où la deftruétion des gens de Couleur avoit été folemnellement jurée.

Voilà les véritables auteurs de la déforganifation & des dénonciations fous le poids defquelles nous gémiffons en ce moment.

Ces foupçons de contre-révolution font donc dénués de la vraifemblance qui pouvoit les infpirer ; il en eft de même de ceux que les Commiffaires prétendent, dans leur écrit, avoir été conçus fur des intelligences criminelles avec

ces brigands !...... Accufateurs méchans ou aveugles ! Pourquoi donc les amis que vous me faites fervir fi gratuitement ont-ils dévafté mes plantations (1), brûlé mes poffeffions avec un acharnement que perfonne dans la Colonie n'ignore ; pas même vous ? ..... Pourquoi m'ont-ils donc réduit à mes feuls appointemens, que la fufpenfion, quoique provifoire, de mes fonctions vient encore de m'enlever ? Pourquoi donc ai-je été forcé d'arracher ma femme & mes enfans à la flamme & au fer qu'ils dirigeoient contre eux, & de les envoyer fur une terre étrangere (à Philadelphie), où une penfion, *le prix de mon fang*, eft toute leur reffource ? .... Et vous ofez dire que je ménageois & ma vie & la leur ! Vous pouffez plus loin encore votre criminelle audace, puifque vous accufez nos Chefs, mes braves Compagnons d'armes, & moi perfonnellement, d'intelligences criminelles avec ces affaffins, ces incendiaires, ces dévaftateurs des propriétés coloniales. Lifez donc cette lettre (2) que m'é-crivit le Préfident de l'Affemblée provinciale :
« Nous avons eu, Monfieur, par M. le Gou-
» verneur, le détail de vos évolutions d'hier.
» Nous avons vu avec une très-grande fatisfac-

---

(1) Voyez la piéce 2.
(2) Voyez la piéce 4.

» tion que vous étiez forti fain & fauf de l'ac-
» tion que vous avez eue. Nous permettrez-vous,
» Monfieur, de recommander à votre prudence
» d'arrêter les élans quelquefois trop impétueux
» d'une bravoure qui pouvoit compromettre les
» jours précieux d'un Général qui nous eft cher à
» tant de titres ? »

Scrutez ma vie militaire depuis la révolte des Negres & des autres rébelles aux Loix de la mere Patrie ; arrêtez-vous un inftant fur les témoignages honorables de confiance que les bons Citoyens m'ont toujours accordés, & qui les porta à me demander au Général pour les commander (1). Examinez mes actions, mes démarches jufqu'au moment où ma fanté délabrée me força de folliciter un congé pour aller la rétablir à la Nouvelle-Angleterre. Les détails de tous ces faits font confignés dans les papiers publics & dans mes journaux dépofés au Comité colonial de la Convention ; on peut les confulter ; je dois me borner à les indiquer.

Ce congé (2) devenu néceffaire par les fatigues d'une auffi longue campagne & l'air malfain du Fort-Dauphin, eft revêtu de toutes les formes civiles, militaires & patriotiques que j'avois à remplir comme Officier, comme bon

(1) Voyez la piéce 4.
(2) Voyez les piéces 5, 6 & 7.

Citoyen, pere de famille & cultivateur ; s'il étoit vrai que le plus léger *foupçon* eût flotté fur moi, la furveillance des trois corps populaires étoit alors très-active ; les dénonciations étoient admifes & fréquentes, on eût mis obftacle à mon départ. Eh bien! je n'ai reçu que des témoignages d'eftime, de regrets & du defir de me voir revenir promptement.

C'eft à Philadelphie que j'ai été ; j'y ai paffé les fix mois de mon congé ; & ce n'eft pas auprès du grand Washington & des chefs de la République américaine, qu'on puife des principes contre-révolutionnaires, qu'on exhale des fentimens ou des projets liberticides : ceux qu'on y profeffe hautement pour la régénération & la liberté de la France, en font trop oppofés.

C'eft ainfi que dans ma jufte indignation, j'ai dû repouffer des *foupçons* de contre - révolution & d'intelligences avec des brigands & des révoltés : fi je n'étois accufé, ils ne pourroient exciter que mon mépris.

Si j'examine enfuite les délits militaires dont on argue contre moi, je refte convaincu qu'au moment même où l'on en traçoit les détails, les Commiffaires, dans leur confcience, n'y donnoient aucune croyance. Il eft en effet impoffible qu'ils fe foient véritablement mépris au

motif & à l'époque de la vifite que je leur ai
faite; & j'en ai pour garant les remerciemens
qu'ils me prodiguerent fur de *fimples avis* que
je leur donnois pour le rétabliffement de l'ordre
& de la paix dans toute la fincérité de mon ame.
Au furplus, quels ont été ces avis? Je les enga-
geai, je les preffai même de chercher quelque
remede aux maux & aux troubles qui s'annon-
çoient, & de les employer fans délai; je les
conjurai de fe rappeler l'affaffinat de Mauduit,
& d'éloigner un malheur femblable, qui mena-
çoit un excellent Militaire, un Citoyen irré-
prochable, à qui la Colonie a dû fouvent fon
falut; & ce Militaire, c'eft le Colonel du Régiment où je fers! Il me feroit difficile de rappor-
ter jufqu'aux expreffions dont je me fervis en
cette circonftance; mais le motif qui m'a con-
duit chez eux, étoit pur : ils n'ont pu s'y mé-
prendre, & ce font eux que j'ai maintenant acquis
le droit d'accufer. Je leur demande comment ils
ont ofé préfenter comme *une révolte* une démar-
che toute pacifique, que je faifois de mon propre
mouvement, comme fimple particulier, n'étant
que fubalterne, & n'ayant aucun titre pour la
faire officiellement ?

Loin d'avoir déterminé le Régiment du Cap
à la révolte, je n'euffe jamais imaginé que fa
conduite méritât cette qualification : je le voyois,

ainfi que tous mes camarades , pénétré de douleur de l'ingratitude & de l'injuftice *révoltante* dont on ufoit à l'égard de fon Colonel ; mais il a exprimé fon vœu tranquillement , fans tumulte. On voyoit dans la contenance , comme dans les difcours des foldats, des hommes profondément indignés & affligés , mais déterminés à obéir au feul mot de LA LOI. C'eft ainfi qu'ils fe font conduits envers le Commiffaire Sonthonax ; ils lui ont exprimé leur vœu & leur chagrin. Mon caractère loyal & franc ne me permet pas de diffimuler ici que j'ai partagé leurs fentimens.

Suivez fa conduite, le 19 Octobre , il eft aifé de voir que ni les Officiers, ni moi n'avons fait de *réfiftances* aux volontés des Commiffaires. Je les défie de produire un feul ordre donné léga-lement, que je n'aie pas fait exécuter *fur-le-champ* dans cette fatale journée, qui femble avoir été préparée & dirigée pour opérer la diffolution du régiment. Les démarches de tous les Officiers & particulièrement les miennes (puifqu'on me force d'établir ma défenfe), n'ont eu pour objet que la paix, & même au plus haut prix, & non de fouffler l'efprit de *révolte* & de *réfiftance.* Les Officiers muicipaux Picard & Domergue , m'en rendront témoignage.

Une révolte annonce des projets hoftiles ; & c'eft moi qui ai fait démonter nos deux pieces

de canon. Je me fuis porté à la bouche de ceux
que les factieux conduifoient contre nous, &
prefque tous les foldats étoient affis par terre.
Témoins de mon dévouement, les deux Officiers
municipaux que j'ai nommés, m'ont embraffé les
larmes aux yeux : Lachaife lui-même, commandant une des quatre colonnes aux ordres des factieux, m'a donné *le baifer de paix !*

Enfin, les vifites que j'ai faites chez les Commiffaires n'annoncent-elles pas ma confiance
en eux & la pureté de mes intentions ? S'ils en
euffent douté, ils étoient les maîtres de ma liberté dans ce tems, comme ils l'ont été depuis ;
ils n'avoient qu'un mot à dire, j'étois chez eux,
& leur maifon étoit environnée de troupes ! Ah !
ils favoient bien que je n'avois pas envie de
troubler la tranquillité du Cap : moi ! eh ! n'y
avois-je pas placé mon bonheur ? Dans quelle
rue, dans quelle maifon n'aurois-je pas trouvé
un parent, un frere, un ami ?

Quant à l'accufation d'avoir voulu féduire le
bataillon de l'Aifne, j'y réponds en peu de mots ;
c'eft une calomnie de plus. Ce qu'elle a de particulier c'eft d'avoir été préfentée de maniere à
n'exciter d'autre fentiment que celui de la pitié.
Elle repofe fur une fimple affertion ; on ne l'a
pas même entourée de ces détails, de ces lieux
communs dont elles font ordinairement tiffues,

& la dénégation fuffit contre une telle abfurdité. J'avois cru jufqu'ici que les Commiffaires m'accordoient du bon fens, & je demande s'il y en auroit eu à moi à me jouer aux Gardes nationales du Département de l'Aifne, pour leur infpirer la défobéiffance à la *volonté des Commiffaires nationaux*, & fur-tout après le refus qu'ils avoient fait le matin d'obéir à d'Efparbès, Gouverneur général (1)?

J'ai répondu par des faits conftans & notoires *à de fimples foupçons*.

J'ai prouvé, par le détail de ma conduite, que les autres accufations étoient auffi peu fondées.

Je me réfume : on m'a accufé de partager avec Cambefort, Colonel du Régiment du Cap, *les mêmes foupçons* de contre-révolution & d'intelligences avec les Negres révoltés.

Je les détruits, ces foupçons, par les preuves d'une activité continuelle contre ces mêmes Negres révoltés; par l'énoncé de mes combats & de mes fuccès contre eux; par une abfence de fix mois, que j'ai paffés à la Nouvelle-Angleterre avec ma femme & mes enfans; ce n'eft pas là la marche d'un contre-révolutionnaire. Mon congé; fa publicité & les formalités que j'ai remplies en quittant Saint-Domingue; enfin

---

(1) Voyez le Mémoire de Defparbès.

mon retour dans cette colonie qui, n'étant antérieur que de douze jours à l'acte qui prononce ma suspension & ma déportation, n'a pu même laisser le tems de naître aux soupçons sur lesquels on a cherché à le motiver. Mes plantations dévastées ; mes habitations incendiées ; l'acharnement avec lequel ces brigands, nos prétendus amis, m'ont poursuivi dans ma personne, dans celle de ma famille & dans la destruction de mes propriétés : les lettres (1) infiniment honorables que j'ai reçues des Présidens des Corps populaires & en leurs noms ; la réputation dont j'ai toujours joui dans ma conduite publique & privée : la terreur que mon nom seul répandoit parmi les Negres en révolte ; le succès de mes différentes campagnes contre eux ; plus de quarante bouches à feu (2) que je leur ai enlevées. En est-ce assez pour répondre *aux soupçons* de ces Commissaires ?

Ils me reprochent ensuite ma *résistance* à leurs ordres, la révolte prétendue du Régiment du Cap & celle à laquelle je me suis efforcé de déterminer les Gardes nationales du Département de l'Aisne, relativement à l'embarquement de Cambefort prononcé par eux.

____

(1) Voyez les piéces 8, 9, 10 & 11.
(2) Voyez les Journaux.

On

(17)

On a vu au contraire dans le récit fimple
& vrai de ma conduite, mon obéiffance paffive,
mon amour de la paix & de la tranquillité des
citoyens du Cap; il fuffit de l'avoir lu pour
être convaincu que j'ai fait depuis la révolution,
& notamment le 19 Octobre dernier, tout ce
que l'on devoit attendre d'un Militaire expéri-
menté & prudent, & fur-tout d'un excellent
citoyen & d'un pere de famille.

Je rougis de tracer ici mon éloge; mais ma
défenfe & celle de mes camarades, compagnons
maintenant de mon infortune, l'exigent impé-
rieufement.

Si j'étois chargé de l'honorable miffion de
juftifier le Régiment (1), je ferois connoître
fa conduite exemplaire dans tous les tems, dans
toutes les circonftances; fa fubordination inal-
térable; fon dévouement abfolu à la colonie,
qui lui a coûté les deux tiers de fes Soldats &
la moitié de fes Officiers. Je montrerois ce brave
& incorruptible Régiment comblé de témoignages de l'attachement & de la réconnoiffance
des citoyens, des éloges & des bénédictions des
Corps populaires jufqu'au moment où les Commiffaires actuels font defcendus dans cette in-

____

(1) Voyez le Mémoire de Cambefort, Colonel de ce
Régiment.

B

fortunée Colonie. Je peindrois tous ses mou-
vemens pendant la fameuse journée du 19 Octobre, & je démontrerois que le jour qu'on semble
avoir choisi pour oser l'accuser, a mis le comble
à l'évidence de son patriotisme & de son obéissance passive aux ordres émanés d'une autorité
légitime; je dirois que les Officiers en ont donné
les premiers l'exemple en exécutant, *sans au-
cunes réclamations*, l'ordre d'embarquer le Régiment. Qui pourroit donc leur faire un crime
aujourd'hui de s'être soumis à cet ordre même;
d'avoir suivi leur chef & bravé les humiliations &
les dangers dont leur départ a été accompagné ?

CITOYENS NOS REPRÉSENTANS , examinez la
conduite du Régiment du Cap depuis la révolution, & voyez tous les piéges dans lesquels on a
voulu l'engager.

Voyez-le seul, contre une horde d'assassins &
d'incendiaires, se portant par-tout , malgré la
disproportion inouïe de ses forces; dispersé sur
près de soixante lieues de côtes, & maintenant
par-tout l'ordre public, faisant respecter les loix
& les propriétés; inspirant la confiance aux citoyens , & leur montrant sans cesse l'exemple
du vrai patriotisme, du courage & de la subor-
dination.

Voyez la moitié des braves gens dont il étoit
composé, plus heureux hélas ! que nous ne le

fommes en ce moment , fuccomber aux fatigues ou fous le fer des brigands , avec lefquels on ofe pourtant les accufer , après leur mort , d'avoir été d'intelligence ; d'autres forcés de repaffer en France , dans l'état le plus déplorable , & prononcez fur le fort de ceux dont les Commiffaires du Pouvoir exécutif ont ordonné la déportation ; qui , à leur arrivée en France , ont été conduits de cachots en cachots & jetés enfin dans les prifons de l'Abbaye.

FONDATEURS DE LA RÉPUBLIQUE FRANÇOISE , nous vous croyons inacceffibles à toute efpece de prévention. Ne vous laiffez pas entraîner par celle que pourroient vous donner les Commiffaires du Pouvoir exécutif. Hâtez-vous de diffiper les doutes qu'on a voulu vous infpirer fur les fentimens & le patriotifme des Officiers du Régiment du Cap : juges-les par leur conduite.

Pour moi , j'ai perdu un bras pour fonder fur des bafes inébranlables la liberté américaine. Je vous offre celui qui me refte. Si les différens Miniftres qui fe font fuccédés , avoient exécuté à mon égard les décrets des Affemblées conftituante & légiflative , vous m'auriez vu depuis longtems fur les frontieres où mon rang d'ancienneté me plaçoit ; les lettres que j'ai écrites à ce fujet font demeurées fans réponfe. J'avois cru qu'il fuffifoit de leur indiquer que mon nom fe trouvoit avantageufement placé dans tous les papiers publics ; cette maniere de folliciter une faveur qui m'étoit due, n'étoit pas fans doute celle que je devois employer, puifqu'ils font reftés fourds à cette voix.

CONCITOYENS, c'eft à vous qu'il appartient de réparer leurs injuftices, mettez à profit mon zele & celui de braves militaires calomniés de la maniere la plus atroce, & qui brûlent, ainfi que moi, d'aller de nouveau répandre leur fang pour maintenir dans toute fon intégrité le territoire de la République. Le mien eft accoutumé à arrofer les terres où la liberté s'éleve ; faites-lui reprendre fon cours naturel ; que la vérité dans la bouche d'un foldat, plus accoutumé à manier les armes que la plume, brille enfin à vos yeux ; puiffé-je vous avoir démontré l'innocence de tous les militaires accufés du Régiment du Cap !

Calomniés & prefque facrifiés du moment qu'on a prononcé nos fufpenfions & nos déportations ; avilis enfuite & traités en criminels, notre premiere entrée fur cette terre de liberté, a été marquée par la privation de la nôtre ; mais nos ames flétries par l'injuftice & les humiliations, reprennent toute leur énergie, lorfque nous penfons que nos Juges font les citoyens dont la France entiere attend fes loix & fon bonheur.

TOUSARD, Lieutenant-Colonel
du Régiment du Cap.

EXTRAIT

Des Pieces justificatives que j'ai citées (1).

N°. I.

Une Lettre flatteuse de Henri LAURENS, Président du Congrès, qui accompagne le Resolved, *dont l'extrait suit :*

L'une & l'autre piece traduite & certifiée par Benjamin FRANKLIN, en date du 29 Octobre 1778.

AYANT reçu une lettre...... qui contient un exposé de la conduite courageuse de M. Toufard, Capitaine d'Artillerie du Régiment de la Fere, en S'EMPARANT D'UNE PIECE D'ARTILLERIE de l'ennemi, dans laquelle action il a PERDU UN BRAS par la décharge d'une piece qui lui étoit opposée.

RÉSOLU que l'intrépidité de M. Toufard dans la derniere action de Rhode-Ifland, mérite les plus grands éloges, & que le Congrès, en confidération de fon zele & du malheur qu'il a éprouvé, éleve ledit M. Toufard par brevet au grade de Lieutenant-Colonel dans les armées des États-Unis, & qu'il recevra une penfion de

---

(1) Les originaux de ces pieces font dépofées au Comité colonial.

B 3

30 dollars par mois, durant fa vie fur le tréfor des États-Unis de l'Amérique.

Extrait de la minute. *Signé* Charles THOMPSON, Secrétaire.

I I.

EXTRAIT de mon Difcours à l'Affemblé coloniale, à mon retour du Limbé, le 6 Novembre 1791.

. . . . . DÉJA j'ai joui, ainfi que mes braves compagnons d'armes, de la reconnoiffance de toutes les malheureufes victimes que nous avons arrachées des mains des brigands, & qu'il a fallu rechercher dans le fond des bois, de retraite en retraite ; j'en ai déjà fait paffer au Cap foixante-trois : aujourd'hui vous en allez voir arriver un pareil nombre, fans compter plus du double de femmes & enfans de Gens de Couleur libres.

Déjà plus de 500 Mulâtres & Negres libres font rendus aux deux camps que j'ai établis : une partie d'entr'eux a été armée par les habitans. . . . . Enfin le territoire du Limbé ne fera plus fouillé du fang des fréquentes victimes que la rage de ces forcenés immoloit à leurs fréquentes fantaifies.

. . . . Je dois, Meffieurs, faifir ce moment pour remercier, en préfence de cette augufte Affemblée, Meffieurs les Officiers & Soldats des troupes patriotiques, du courage & de la conftance qu'ils

ont montrés pendant une campagne longue &
pénible ; accoutumés chez eux à l'aifance, ils ont
partagé, fans murmurer, la nourriture frugale
que les circonftances ont fouvent réduite, avec
nos troupes de ligne. Je me fuis plus fouvent
apperçu de leur exceffive fatigue, qu'ils ne m'en
ont entretenu.

Mes chers compagnons d'armes ! Je ne parle
pas à nos auguftes Repréfentans, de votre courage devant l'ennemi ; je ne leur dis pas qu'il
m'eût été difficile, en vous conduifant fur ce
fameux rampart teint du fang de plufieurs d'entre
vous, d'affurer fi c'eft un Volontaire, un Gre-
nadier ou un Chaffeur qui y eft monté le premier ; que dans tous les obftacles que vous avez
rencontrés, vous auriez voulu toujours être les
premiers à vous mettre en avant pour les fur-
monter. J'ai trouvé tous les genres de courage
dans des jeunes gens pleins d'honneur que leur
éducation n'avoit pas deftinés ni accoutumés aux
travaux & aux fatigues militaires.

RÉPONSE DU PRÉSIDENT.

I I. *Bis.*

MONSIEUR LE COMMANDANT,

Il m'eft bien doux d'être en ce moment l'organe de l'Affemblée générale, & de pouvoir vous

offrir, au nom de la partie françoife de Saint-Domingue, le tribut de reconnoiffance qui vous eft dû à tant de titres, ainfi qu'aux braves militaires qui ont combattu fous vos ordres.

Le plaifir & l'empreffement que témoignent les citoyens à fe réunir fous vos drapeaux, ne vous laiffent aucun doute, Monfieur le Commandant, fur la confiance que vous avez fu leur infpirer, & l'attachement qu'ils vous portent. Animées par votre exemple, & affurées de la fageffe de vos plans, & de la jufteffe de vos combinaifons, les troupes que vous commandez ne trouvent point d'obftacles infurmontables, de poftes imprenables, d'ennemis invincibles, & le fuccès le plus complet a toujours couronné vos opérations.

Mais tel eft le malheur des circonftances, que tandis que vous rétabliffiez l'ordre dans une partie de cette dépendance, en exterminant les brigands qui l'infeftoient, *vos poffeffions devenoient la proie des flammes :* ainfi donc, victime de votre patriotifme, vous avez fait taire votre intérêt particulier devant l'intérêt général.

Jamais les habitans de la ville du Cap, de la province du Nord, de la Colonie entière, n'oublieront le zèle que vous avez mis à voler à leur défenfe ; jamais ils ne pourront oublier que votre follicitude s'eft principalement portée fur un grand

ñombre de femmes , de vieillards & d'enfans ,
qui étoient au pouvoir des brigands , & qui fe-
roient indubitablement péris fous le fer des affaffins, fi vous ne vous étiez empreffé à les fauver;
& votre nom , cher à tous les Colons, demeu-
rera gravé dans leurs cœurs en traits ineffaçables.

Signé PETIT DESCHAMPEAUX , *Préfident.*

BESNARD BOISSET , *Vice-Préfident.*

I I I.

L'Extrait de la lettre de Domergue, Préfident,
eft mis dans le Mémoire ; l'original eft au Comité
colonial.

I V.

Ordre de Commandement.

D'après le vœu de l'Affemblée provinciale du
Nord, configné dans la dépêche de fon Préfident,
en date de ce jour , nous autorifons M. Toufard , Lieutenant-Colonel du Régiment du Cap,
à accepter le commandement des forces patriotiques , deftinées à réprimer l'infurrection des
atteliers , laquelle miffion remplie, M. Toufard
reprendra fes fonctions dans fon Régiment.

Au Cap , le 23 Août 1791.

Signé BLANCHELANDE.

V.

Extrait du Congé accordé à M. Toufard.

Sur la demande qui nous a été faite par le Citoyen Cambefort, Colonel du Régiment du Cap, d'un congé de trois mois, pour M. Toufard, Lieutenant - Colonel audit Régiment, à l'effet de paffer à la nouvelle Angleterre, pour y rétablir fa fanté, que les fatigues exceffives qu'il a éprouvées depuis la révolte des efclaves, ont extrêmement dérangée.........

Signé BLANCHELANDE.

V·I.

Extrait des Regiftres du Greffe du Siége-Royal du Cap, du 30 Mars 1792.

VII.

Annonce du départ, par trois fois, le 31 Mars 1792 & fuivans. — Journal des débats de l'Affemblée coloniale de Saint-Domingue, p. 880.

-N°. VIII.

Proclamation aux Gens de Couleur & Negres libres du Limbé.

J'engage tous les Mulâtres du Limbé à venir

me rejoindre : que font-ils dans le camp des esclaves révoltés? Eft-ce aux enfans des Blancs à
être les efclaves d'infames brigands? J'ai juré
de les exterminer tous : craignez d'être compris
dans leur profcription : profitez du moment que
ma bonté vous accorde ; autrement, plus de
grace : vous, vos enfans, vos femmes & vos
habitations ferez la proie & du fer & des flammes.
Venez avec confiance, je vous recevrai de même,
c'eft moi qui vous en donne ma parole.

Au camp du Carrefour, le 31 Octobre 1791.

Signé T O U S A R D.

Nº. I X.

*Extrait du difcours prononcé par Toufard à la féance
de l'Affemblée coloniale, le 8 Octobre 1791, où les
trois Corps populaires, les Chefs de Corps civils &
militaires avoient été invités d'affifter* (1).

M E S S I E U R S,

Soldat citoyen, je vous dois, d'après votre
invitation, la communication de mes penfées
fur le fujet qui vous occupe, comme je dois à
ma patrie le fecours de mon bras ; fouvenez-vous

____

(1) L'original eft la piéce 19 de la production de Cambefort.

du jour où , revenant de ma premiere expédi-
dition , vous daignâtes applaudir à mon zèle.
Enhardi par la confiance que vous me témoi-
gniez , j'ofai , en élevant la voix dans cette
enceinte , mettre fous vos yeux la foibleffe de nos
moyens militaires pour réprimer la révolte &
éteindre les flammes qui nous environnoient de
tous côtés ; frappé du fpectacle qui s'étoit préfenté
à mon arrivée , des Gens de couleur maffacrés , le
refte cherchant près de vous un afyle & vous de-
mandant fauve garde ; j'ofai , dis-je , Meffieurs ,
vous préfenter une grande vérité ; j'ofai vous dire
qu'il vous étoit impoffible de fauver la Colonie
fans armer les Gens de couleur & Negres libres :
cette motion reprife dans l'après-midi , adoptée à
l'unanimité par les deux Affemblées réunies , vous
a fur le champ procuré un renfort de fix cents bons
& excellens Soldats.

Depuis ce moment, par juftice & par reconnoiffance , vous n'avez ceffé de vous occuper
de leur fort & de leur état politique. J'ai fuivi
les difcours de vos Orateurs à leur fujet & les
raifonnemens qui ont décidé vos arrêtés en leur
faveur , des 5, 6 & 20 Septembre dernier.

Je les ai préfentés comme motifs d'encoura-
gement à tous les braves gens qui m'ont procuré
quelques fuccès ; ils ont vu avec une fenfibilité
qui a accru leur dévouement , que tandis qu'ils

combattoient pour la patrie, les auguftes Repréfentans de la Colonie, *dont ils font partie*,
s'occupoient d'améliorer leur fort & leur état
politique.

Quel changement! Meffieurs; votre arrêté du
5 détruit entiérement tout ce que vous aviez
annoncé que vous feriez en leur faveur.

Que pourront-ils penfer de vos difpofitions?
Meffieurs. Que pourront-ils penfer de moi? Que
vous les avez trompés, que je les ai trompés
de même.

Si M. le Général fanctionnoit un pareil arrêté;
s'il devenoit loi pour les Gens de Couleur;
craignez, Meffieurs, que dans leur pofition,
ne croyant plus à vos promeffes, ils ne bra-
vaffent vos menaces & vos ordres. Non, M. le
Général n'y donnera pas fa fanction; . . . . . .
. . . .
. . . .

Voici donc, Meffieurs, ma profeffion de
foi : je fuis trop avare du fang de mes concitoyens & des Soldats qui feront fous mes
ordres, & ils me rendront juftice à cet égard,
pour les mener dans tel quartier de cette province où il exifteroit une *neutralité armée*, ou
des Gens de Couleur entraînés à l'infurrection
par la défiance, le découragement & les menaces.

Je crois qu'il eſt du plus grand intérêt pour la Colonie de Saint-Domingue, que l'aſſemblée générale de ſes Repréſentans uſant du droit qui lui eſt attribué par l'article III du Décret du 24 Septembre, ſaiſiſſe avidement le pouvoir d'accorder aux Gens de Couleur, comme un bienfait, ce qu'elle étoit décidée à leur accorder par néceſſité, & de les en mettre ſur-le-champ en poſſeſſion.

Je crois que la reconnoiſſance qu'excitera dans le cœur des Gens de Couleur le parti que vous prendrez au moment où la France vous rend les arbitres de leur état, peut ſeul cimenter inaltérablement l'union intime de leurs intérêts avec les nôtres ; que cette union eſt abſolument néceſſaire pour détruire nos ennemis communs, &c........

N°. X.

Extrait des regiſtres de l'Aſſemblée générale de la partie françoiſe de Saint-Domingue (1).

De la ſéance du 7 Octobre 1791 a été extrait ce qui ſuit :

L'Aſſemblée générale délibérant ſur le contenu d'une lettre de M. Touſard, du 5 de ce mois ;

---

(1) Piéces 16 & 17 de la production du C. Cambefort.

& après avoir entendu le rapport de fon Com-miffaire fur les caufes de la détention des Hommes de Couleur libres, en faveur defquels M. Toufard follicite les bontés de l'affemblée,

A arrêté & arrête qu'à l'égard des nommés Gélard ; Jean-Louis d'Almettre ; Pierre-Paul, dit Minifter ; M. L. ; Pierre Loufaur, dit Dacufio ; Georges Bauregard ; N. L. & Jacques Paul, fe difant libres, & qu'on croit appartenir à M. Efdras, détenus dans les prifons royales de cette ville aux ordres du bureau de Police, pour ftatuer ce que de droit : auquel effet, expédition du préfent Arrêté, ainfi que de la lettre de M. Toufard, fera remife au bureau de police ;

. . . .

Qu'en ce qui concerne le nommé Charles Bi-naud, M. L., auffi condamné aux galeres pour trois ans, pour fait de rébellion contre une garde armée, prenant en grande confidération la demande de M. Toufard en fa faveur . . . .

. . . .

De plus, Garfan & Counbrellant, N. L. & Pierre Lallemand, Q. L. : . . . .

Signé PONCIGNON.
Approuvé BLANCHELANDE.

X I.

EXTRAIT de différentes letres des Préſidens des différens corps populaires.

24 Septembre 1791.

MONSIEUR LE COMMANDANT ,

Les applaudiſſemens au bruit deſquels vous avez été accueilli & reconduit ce matin , quand vous nous avez fait l'honneur de venir parmi nous , ne vous ont exprimé que foiblement le plaiſir qu'a éprouvé l'Aſſemblée à vous recevoir dans ſon ſein , & a recueilli de votre bouche le récit du ſuccès de vos armes. . . . . .

Signé DOMERGUE , jeune , *Préſident.*

MONSIEUR,

Cap, 9 Décembre 1791.

L'Aſſemblée provinciale , à qui M. le Lieutenant au Gouvernement général a communiqué vos dernieres dépêches , me charge de vous témoigner qu'elle voit avec beaucoup de ſatisfaction la conduite pleine de ſageſſe & de fermeté que vous tenez à la tête de l'armée , qui doit protéger la partie de l'Eſt de la province , ſans expofer un feul homme, fans verfer une feule goute de fang ; vous avez jufqu'à préfent contenu les brigands, & prefque ramené à leur devoir les hommes de Couleur égarés ; l'Affemblée efpere que vous terminerez glorieufement ce grand ouvrage ; vous perfuaderez, vous vaincrez, s'il le faut, & vous ajouterez de nouveaux titres à ceux qui vous ont déjà concilié l'eftime & l'attachement de vos concitoyens.

Salut,

JOUBERT, *Préfident.*

Cap, ce 10 Décembre 1791.

Votre derniere lettre a manifefté à l'Affemblée vos foins & vos follicitudes pour l'intérêt de la Colonie & la profpérité des objets qui vous font confiés ; elle ne s'attendoit à rien moins de votre part ; & comme elle eft convaincue de vos talens, & qu'elle eft accoutumée à vous voir fuivre par-tout de la victoire ; elle compte entièrement fur vos fuccès, dans la commiffion importante où vous vous êtes voué, & fera toujours flattée d'être l'organe de la reconnoiffance de la Colonie pour le bien que vous lui aurez fait.   Salut,

DEMUN, *Préfident.*

LE PRÉSIDENT de l'Aſſemblée coloniale à M. Touſard , Lieutenant-Colonel du Régiment du Cap , ce 18 Décembre 1791.

Chargé par l'Aſſemblée coloniale de vous exprimer les ſentimens que vous avez ſi bien mérités d'elle ; je me félicite d'être ſon organe auprès de vous. Elle a vu, M. le Commandant, dans la lettre (1) que vous avez adreſſée à l'un des émiſſaires des brigands, lorſque vous les avez congédiés, que vous ſaviez allier au même degré les talens précieux du négociateur, & la fermeté du chef militaire. Vous avez preſſenti avec juſteſſe la conduite que lui preſcrivoit ſa dignité, & vos vues ſe trouvent parfaitement conformes avec celles qui l'ont dirigée, ainſi que MM. les Commiſſaires nationaux civils ; elle en attend le plus grand ſuccès, pour la tranquillité de la partie du Nord, qui doit autant à votre caractere perſonnel, qu'à vos victoires, le bonheur dont l'Aſſemblée coloniale a tout lieu d'eſpérer que cette intéreſſante province jouira bientôt.

Vous avez bien mérité le repos, M. le Commandant, mais la choſe publique eſt toujours

____

(1) Cette lettre eſt dans mon Journal.

en danger , & votre ame active s'occupera de
fa confervation, jufqu'à ce que vous ayiez achevé
votre ouvrage. Moiffonnez toujours les palmes
& les lauriers , il vous fera bien plus doux d'a-
voir à vous repofer fous leur ombrage.

Salut ,

DE FAVARANGE , Préfident.

Pour extraits fidellement tirés des piéces originales dépofées au Comité colonial de la Convention. A Paris,
ce 16 Janvier 1793 , l'an fecond de la République.

Signé TOUSARD.

NOUS fouffignés , ayant pris connoiffance de
l'Adreffe du Lieutenant-colonel Toufard à la
Convention nationale , avons donné notre adhé-
fion à ce qu'elle renferme ; moi Cambefort ,
comme témoin de la conduite de cet Officier
depuis que je fuis Colonel du régiment du Cap; &
nous Gabriël Lavalliere ; Jofeph Labigne ; Pierre-
Marie-Louis-Vincent Poitou ; Etienne-François
Lamorandiere , Capitaines ; Paul Ancelet-d'Ay ;
Louis Manfuy ; Charles Vauloger ; Pafcal d'Allard , Henri-Gabriël Bajoliere , Lieutenans ; François Picot-Sainte-Marie ; David Strunze ; Philippe
Landais , Sous-Lieutenans ; André-François-Nona,
Adjudant ; Ambroife Girard , Sous-Officier ; tous
du régiment du Cap , en ce moment détenus

à l'Abbaye comme témoins & ayant partagé ſes travaux militaires, & notamment en ce qui regarde la journée du 19 Oĉtobre 1792 : en foi de quoi nous avons ſigné la préſente adhéſion. A l'Abbaye, le 16 Janvier 1793, l'an deuxieme de la République Françoiſe.

CAMBEFORT. LAVALLIERE. POITOU. LABIGNE. LAMORANDIERE. ANCELET-D'AY. MANSUY. VAULOGER. D'ALLARD. BAJOLIERE. PICOT-SAINTE-MARIE. STRUNZE. LANDAIS. NONA. GIRARD.

Nous Colonel & Commandant l'Artillerie à Saint-Domingue durant tous les événemens rapportés au préſent Mémoire, reconnoiſſons & donnons notre adhéſion à tout ce qui y eſt rapporté. *Signé* POMEIROLS.

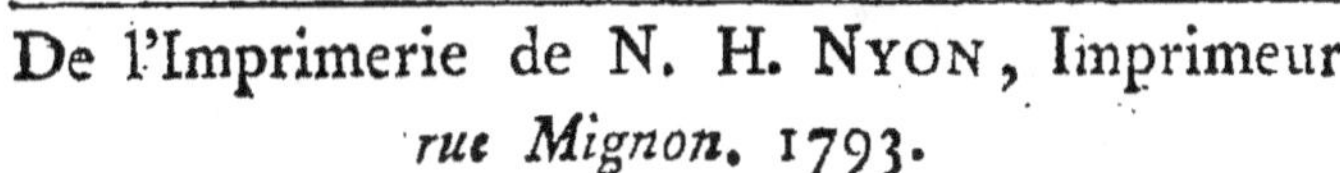

De l'Imprimerie de N. H. NYON, Imprimeur *rue Mignon.* 1793.